ITALIAN SENTENCE BUILDERS

A lexicogrammar approach

PRIMARY

BOOK 1

ANSWER BOOK

Table of Contents

Unit	Topic	Page
1 Mi chiamo	I can say my name & age	1
2 L'alfabeto	Alphabet and phonics / decoding skills	4
3 Come stai?	I can greet and express how I am.	5
4 Il mio compleanno	I can say when my birthday is.	8
5 Il mio animale domestico	I can say what pets I have	12
6 La mia cartella	I can say what's in my schoolbag	16
7 Di dove sei?	I can talk about countries and languages	21
8 Che tempo fa?	I can talk about the weather	25
9 La mia città	I can talk about where I live	28
10 Nel mio paese	I can say what is in my town	32

UNIT 1 – MI CHIAMO

LISTENING

1. Listen and complete with the missing vowel
a. Mi chiamo b. Ho otto anni c. Ho sei anni d. Ho cinque anni
e. Ho undici anni f. Ho nove anni g. Quanti anni hai? h. Ho undici anni
i. Ho dodici anni j. Ho sette anni

2. Break the flow: Draw a line between words
a. Mi chiamo Anna e ho cinque anni b. Buonasera, mi chiamo Carla
c. Ciao, mi chiamo Filippo e ho sette anni d. Buongiorno, mi chiamo Christian ho sei anni
e. Ciao, quanti anni hai? Ho dieci anni f. Buongiorno, come ti chiami? Mi chiamo Francesca
g. Ciao come ti chiami? E quanti anni hai? h. Buongiorno, mi chiamo Marcello ho nove anni

3. Listen and tick one option for each sentence
a. Mi chiamo Gianni b. Ho dodici anni c. Ho undici anni d. Ciao, quanti anni hai?

4. Complete with the missing syllables in the box
a. Come ti **chiami**? b. Mi **chia**mo Roberto c. Ho cin**que** anni d. **Buon**giorno e. Ciao, mi chi**amo** Gianni
f. **Quan**ti anni hai? g. **Ho** sette anni h. Ho dod**ici** anni i. Mi chi**amo** Maria j. **Ciao**, mi chiamo Simona

5. Fill in the grid with the correct information
a. Ciao, mi chiamo Gianfranco. Ho otto anni. b. Buongiorno, mi chiamo Francesca, ho sei anni.
c. Come ti chiami? Mi chiamo Carlo, ho dodici anni. d. Mi chiamo Laura, ho dieci anni.

	Name	Age (Number)
a.	Daniela	8
b.	Francesca	6
c.	Carlo	12
d.	Laura	10

6. Faulty Echo
e.g. Ho sei anni
a. Ho nove **anni** b. Ciao, ho **dodici** anni c. **Buongiorno**, mi chiamo Maria d. Ciao, ho **undici** anni e. Ciao, mi **chiamo** Ilaria e ho dieci anni f. Mi chiamo Liliana e ho **sette** anni g. **Quanti** anni hai?

7. Track the sound

1.	a – 5	Anni, ho, chiamo, tre, quattro, Francesca, Roberto, ciao
2.	e– 7	Buonasera, Fabio, Davide, sette, mi, come, sei, Carlo, due
3.	i –5	Laura, anni, hai, Pierpaolo, dieci, buon pomeriggio, Gianni, Anna
4.	o– 9	Ciao, ti chiami, nove, undici, Stefano, otto, quanti, buongiorno, ho, Dylan
5.	u – 6	Quanti, anno, cinque, Giulia, uno, Fabio, buonasera, chiamo, undici

8. Spot the Intruder

e.g. Ciao, mi chiamo Maria.

a.   Come ti chiami? Non mi chiamo PierPaolo.
b.   Quanti anni hai? Ho dodici undici anni.
c.   Buonasera, mi me chiamo Giulia.
d.   Ciao Simona, come ti chiami?
e.   Ciao, mi chiamo Anna e ho sei sette anni.
f.   Buongiorno, mi ti chiamo Antonio e ho cinque anni.
g.   Buonasera, mi chiamo Simone e ho hai tredici anni.

9. Spelling challenge

a. Due b.Uno c. Sei d. Nove e. Cinque f. Dieci g. Otto   h. Tre i. Quattro j. Sette k. Dodici l. Undici

10. Listen and circle the correct number (1-12)

e.g. nove

a. sei (6) b. due (2) c. undici (11) d. cinque (5) e. dodici (12) f. tre (3) g. tredici (13) h. sette (7)

VOCABULARY BUILDING

1. Match up

1-e; 2-a; 3-g; 4-b; 5-c; 6-h; 7-j; 8-i; 9-d; 10-f

2. Broken words

a.   Ho b. Otto c. Sei d. Anni e. Mi chiamo f. Dodici g. Uno h. Sette i. Nove j. Dieci

3. Complete the sentences with the missing words below

a.   sette b. chiamo c. undici d. ti e. hai f. Ciao g. chiami h. Ho

4. Sentence Building Blocks

a.   Ho cinque anni
b.   Quanti anni hai?
c. Mi chiamo Gianni e ho dodici anni
d. Mi chiamo Carlo e ho undici anni

READING

1. **Sylla-bees**
   a. **Mi chiamo Paolo** b. Ho **dodici** anni c. **Ho undici anni**

2. **True or False**
   1a. T 1b. F 1c. F 1d. T 2a. F 2b. T 2c. T 2d. F

WRITING

1. Spelling
a. **Mi chiamo** Luca   b. **Ciao**, ho dieci anni   c. **Ho quattro anni**   d. **Ho nove anni** e. **Come ti chiami?**
f. **Quanti anni hai?**   g. **Buongiorno**, ho **tre** anni

2. Anagrams
a. Ciao ho tre anni b. Mi chiamo Maria c. Ho dodici anni d. Ho undici anni e. Ciao ho sei anni

3. Faulty translation. Write the correct English version
e.g. I am 10 years old a. I am 7 years old b. How old are you? c. What's your name? d. Good morning Laura e. Good evening Fabio

4. Phrase-level Translation
a. Ho otto anni b. Mi chiamo Mario c. Come ti chiami? d. Ho dodici anni e. Quanti anni hai? f. Buongiorno g. Ciao h. Buonasera

UNIT 2 – L'ALFABETO (The Alphabet)

LISTENING

1. Listen and the write the alphabet as you hear it.
   (Il mio nome si scrive...)
No fixed answer. Students write down letters of the alphabet and compare them with their classmates.
Whole-class discussion.

2. Fill in the gaps: Come si scrive? How is it spelt?
a. Carlo b. Filippo c. Gianni d. Alessandro e. Cristina f. Letizia g. Sonia h. Pietro i. Giovanni j. Valeria

3. Complete the words with the missing letters
a. Come si scrive il tuo nome?   b. Mi chiamo Maria   c. Mi chiamo Valeria.   d. Il mio nome si scrive
e. Mi chiamo Giovanni

4. Listen and choose the correct spelling
a. Mi chiamo   b. anni   c. Sofia   d. compleanno   e. Italiano   f. Giulia   g. Giovanni   h. giallo   i. bambino
j. gnomo

5. Listen and tick what you hear
1. B   2. Z   3. H   4. M   5. I   6. P   7. X   8. V   9. U

6. Listen and write the names being spelled out:
1. DAVIDE   2. SIMONE   3. LUCA   4. DYLAN   5. MARIA   6. STEFANO   7. CHRISTIAN   8. GIANNA

UNIT 3 – COME STAI?

LISTENING

1. Listen and tick the word you hear
e.g. 1 (Buongiorno)   a. 2 (Malissimo)   b. 2 (Tranquillo)   c. 1 (Contento)   d. 1 (Stanco)   e. 3 (Stressato)

2. Listen and complete with the missing vowels
a. Sono contento.

b. Buonanotte.

c. Sono tranquillo.

d. Sono tranquilla.

e. Sto benissimo.

f. Sono triste.

g. Sono stanca.

h. Ciao, mi chiamo Roberto.

i. Sto molto bene.

j. Buonasera.

k. Sto malissimo.

l. Sono annoiato.

m. Sono annoiata.

n. Buongiorno.

3. Complete with the missing syllables in the box below
a. Sto molto bene.

b. Sto benissimo.

c. Buongiorno.

d. Buonasera, sto male.

e. Sono contento

f. Sono felice.

g. Sto bene perché sono tranquillo.

h. Sono annoiata.

i. Sto malissimo.

j. Ciao, sto bene.

l. Buonasera, sto malissimo.

m. Sto così così, buonanotte.

4. Listen and choose the correct spelling
a. Sono felice

b. Buongiorno

c. Buonanotte

d. Nervoso

e. Sto benissimo

f. Sono tranquillo

g. Sto male

h. Sono annoiata

i. Come stai?

j. Sto bene, grazie.

5. Break the flow: Draw a line between words
a. Buongiorno, sto molto bene. E tu?

b. Buonasera, mi chiamo Roberto e sto bene

c. Ciao, sto malissimo perché sono stanco

d. Mi chiamo Carlo e sto male perché sono triste

e. Sto benissimo perché sono contento

f. Sono un po' annoiato. E tu, come stai?

g. Ciao, sto molto bene perché sono contento

h. Sono molto stanco buonanotte

6. Fill in the grid with the correct information in English
e.g. Paola ; Hello ; Happy   a. Simone ; Good morning ; Very well   b. Daniele ; Good afternoon ; Nervous

c. Francesca ; Hello ; Sad.   d. Marco ; Good morning ; tranquillo   e. Bea ; Good afternoon ; annoiata

7. Faulty Echo

e.g. Ciao, sto molto bene.

a. Buongiorno, sono contento.

b. Sto bene perché sono felice.

c. Sto molto male perché sono annoiata.

d. Come stai? Sto benissimo.

e. Sto male perché sono triste.

f. Sto bene perché sono calmo.

g. Buongiorno, sono triste.

h. Buonasera, mi chiamo Simone.

i. Ciao, sto malissimo. E tu?

8. Spot the Intruder. Identify the word in each sentence the speaker is NOT saying

e.g. Sto molto bene, grazie.

a. Buonasera, sto sono molto bene.

b. Buongiorno, sto molto così così.

c. Mi sto bene perché sono felice.

d. Ciao, sto benissimo perché sono contento contenta.

e. Come sto stai? Sto male.

f. Come ti stai? Sto benissimo.

g. Sto male perché sono sto triste.

9. Narrow Listening - Gap-fill

a. Ciao, sto **bene** perché sono felice.

b. Buongiorno, sto benissimo perché sono **contento**.

c. Buonasera, **sto** male perché sono **triste**.

d. Come **stai**? Sto molto bene, **grazie**.

e. Ciao, **sto** benissimo perché sono **felice**.

f. Come stai? Sto **benissimo** perché sono felice.

g. Ciao mi **chiamo** Francesca e sono contenta e **tranquilla**.

VOCABULARY BUILDING

1. Match Up

1. e   2. a   3. i   4. f   5. h   6.c   7.d   8.g   9.b

2. Broken Words

a. cosí **cosí**   b. Benis**simo**   c. Mali**ssimo**   d. Sto be**nissmo**   e. Buon**giorno**   f. **Ciao**   g. Per**ché**   h. Sono **con**tento   i. **Mol**to bene

3. Complete the sentences with the words in the box below

a. Sto **benissimo** perché sono felice.

b. **Sto** male perché sono stanca.

c. Sto bene **perché** sono contenta.

d. Sto cosí cosí perché sono **triste.**

e. Mi Chiamo Teresa e sto bene

f. Come **stai**? Sto molto male perché sono **annoiato.**

READING

1. Sylla-Bees

a. Ciao, sto benissimo, grazie.

b. Come stai? Sono molto felice.

c. Sto molto male perché sono triste e stanca.

2. Read the sentences and complete the grid below in English

a. Amira ; 11 ; Great ; Cheerful

b. Matteo ; 13 ; Bad ; Bored

c. Chiara ; 6 ; So-so ; Tired

d. Simona ; 9 ; Well ; Calm

e. Rorberto ; 12; Bad ; Nervous

WRITING

1. Spelling
a. **Sto molto bene.**   b. **Sto benissimo.**   c.**Perché sono felice.**
d. **Perché sono triste**   e. **Perché sono** annoiata.   f. **Come stai?**
g. **Come stai?** Sto **male**

2. Anagrams
a. Sto benissimo.   b. Mi chiamo Simone.   c. Sono annoiato.   d. Non sono felice.   e. Sto molto bene.

3. Faulty Translation
a. I am very well.   b. How are you?   c. I am bored.   d. I am sad.
e. Good morning, how are you?

4. Phrase-level Translation
a. Sto bene.   b. Sto malissimo.   c. Come stai?   d. Sono annoiato.
e. Sono stressato.   f. Sono contenta.   g. Ciao, sto benissimo.   h. Sono calma.
i. Sono contenta.

UNIT 4 – IL MIO COMPLEANNO

LISTENING

1. Listen and tick the word you hear
a. 3   b. 2   c. 1   d. 2   e. 3   f. 2

2. Faulty Echo. You will listen to the sentence twice. The first one is correct, and the second one has an incorrect sound. Underline the wrong sound in each sentence.
e.g. Ho sei anni.
a. Il mio compleanno è…   b. …il diciannove febbraio   c. Mi chiamo Mario.
d. …Il ventisei marzo   e. …il diciotto ottobre   f. Ho nove anni.
g. …il quattro dicembre   h. …il tredici agosto

3. Listen and complete with the missing letters
a. Il dodici marzo   b. Il quattordici febbraio   c. Il tredici luglio
d. Il ventisei luglio   e. Il venti aprile   f. Il quindici ottobre
g. Ho cinque anni.   h. Il trenta gennaio

4. Complete with the missing syllables in the box below
a. Ho **die**ci anni.   f. Il dod**ici** giu**gno**
b. Il ven**tot**to set**tem**bre   g. Il **quat**tro mar**zo**
c. Il tren**tuno lu**glio   h. Il tre **gen**naio
d. Il mio **com**pleanno è…   i. il venticin**que** mag**gio**
e. Il dic**iass**ette agosto   j. Il **tren**ta apri**le**

5. Break the flow:
a. Il mio compleanno é il diciassette novembre .   b. Mi chiamo Maria e ho undici anni
c. Quand' è il tuo compleanno?   d. Il mio compleanno é il ventidue dicembre
e. Come ti chiami? Mi chiamo Rita e ho sette anni   f. Il mio compleanno è il tredici febbraio
g. Ho sei anni e il mio compleanno è il due maggio   h. Ciao il mio compleanno è il primo settembre
i. Mi chiamo Daniele e sto molto bene grazie.

6. Fill in the grid with the correct date of birth
a. 15th Jan   b. 18th Sept   c. 24th Oct   d. 27th Nov   e. 5th June
f. 1st Jul

7. Spot the Intruder. Identify the word in each sentence the speaker is NOT saying

e.g.. Il ventisette <u>dicembre</u>	**novembre**
a. Ho <u>dodici</u> anni...	**tredici**
b. ...il mio compleanno è il venti <u>luglio</u>	**giugno**
c. ...il <u>trentuno</u> ottobre	**ventuno**
d. Ho <u>dieci</u> anni...	**undici**
e. ...il <u>tredici</u> aprile.	**tre**
f. ...il <u>quattro</u> agosto	**quattordici**
g. ...il sei <u>luglio</u>	**Febbraio**
h. sto <u>molto bene</u>...	**benissimo**

8. Catch it, Swap it: rewrite the wrong word

a. Ho **tredici** anni...   b. ...il mio compleanno è il venti giugno. c. ...il **ventuno** ottobre d. Ho **undici** anni...

e. ...il **tre** aprile   f. ...il **quattordici** agosto   g. ...il sei **Febbraio**   h. sto **benissimo**...

9. Listen, Tick or Cross

a. X (12 years old)   b. ✓   c. X (13 years old, 7th June)   d. ✓   e. ✓   f. X (15th June)

READING

1. Sylla-bees

a. Il quattordici maggio b. Mi chiamo Sara e ho quattordici anni c. Il mio compleanno è il ventiquattro maggio.

2. True or False

1a. True   b. False (good morning) c. False (well) d. False (7) e. False (13th of March)

2a. True   b. False (good evening) c. False (tired)   d. True   e. True

3A. Tick or Cross

a. ✓   b. X   c. ✓   d. X   e. ✓   f. X

g. X   h. ✓   i. ✓   j. X   k. X

3B. Find the Italian in the text above

a. Mi chiamo ...   b. Il mio compleanno è ...   c. Ho sette anni.   d. Perché sono

tranquilla.

4. Language Detective

A. Find someone who...

a . Angelo   b. Alessandro   c. Angelo   d. Alessandro   e. Pamela   f. Giulio

g. Pamela   h. Giulio   i. Giulio   J. Angelo

B. Odd one out: I am 11 years old. (odd chunk)

WRITING

1. Spelling
a. **B**uongiorno   b. Il mio **compleanno**   c. Il **tredici** novembre   d. **Il cinque** aprile
e. Il **tredici** gennaio   f. **Il quindici luglio**   g. **Ho** qua**ttordici anni**

2. Anagrams
a. il sette ottobre   b. Il tredici agosto   c. l'unidici dicembre   d. il trenta giugno

3. Gapped Translation
a. I am **seven** years old.   b. **Good morning**, I am **six** years old.   c. Hello, I am not **tired**.
d. Hi, I am **very well.**   e. The **16th** of February   f. The **23rd** of August
g. I am **eight** years old

4. Split Sentences
a. 3   b. 6   c. 2   d. 1   e. 4   f. 5   g. 7

5. Rock Climbing
a. Mi chiamo Francesco. Il mio compleanno è il tre maggio.
b. Ho dodici anni. Il mio compleanno è il ventitré giugno.
c. Il mio compleanno è il ventotto marzo. Ho dieci anni.
d. Ho undici anni. Il mio compleanno è il cinque luglio.
e. Quando è il tuo compleanno? È il quindici gennaio.

6. Mosaic Translation
a. Ho tredici anni. Il mio compleanno è il diciotto aprile
b. Quanti anni hai? Ho dodici anni
c. Mi chiamo Anna. Il mio compleanno è il ventidue agosto.
d. Quando è il tuo compleanno? É il sedici dicembre.
e. Il mio compleanno è il trentuno ottobre e ho undici anni.

7. Sentence Puzzle
a. Il mio compleanno è il tredici settembre.   b. Quando è il tuo compleanno?
c. Il mio compleanno è il dodici aprile.   d. Mi chiamo Carlo e ho nove anni.
e. Il mio compleanno è il diciannove gennaio.   f. Il mio compleanno è il ventiquattro dicembre.
g. Mi chiamo Chiara e ho quattordici anni   h. Mi chiamo Maria e il mio compleanno è il dodici gennaio.
i. Quanti anni hai? Ho sette anni

8. Tangled Translation
a. Hello, **my name is** Filippo. **I am** very well **because I am** happy. **I am** ten **years old. My birthday** is **on the 20th** of January. When is **your birthday?**
b. Ciao, **mi chiamo** Gisella. **Sto** male **perché** sono **stanca. Ho** undici **anni. Il mio compleanno** è l'otto **luglio.** Quando è **il tuo compleanno?**

9. Fill in the Gaps

a. Ciao, mi **chiamo** Alessandro. Sto **bene** perché **sono** contento. Ho quattordici **anni**. Il mio compleanno è il **quindici** ottobre.

b. Ciao, mi chiamo Romina. **Ho** nove anni. Sto male **perché** sono **triste**. Il mio compleanno **è** il ventidue **febbraio**.

10. Guided Translation

a. **Mi chiamo Simona e ho undici anni.**

b. **Sto molto bene perché sono contento.**

c. **Non sto bene perché sono stanca.**

d. **Il mio compleanno è il quindici agosto.**

e. **Quando è il tuo compleanno?**

11. Pyramid Translation

Ciao, mi chiamo Gianni. Ho dieci anni. Il mio compleanno è il ventiquattro ottobre.

UNIT 5 – IL MIO ANIMALE DOMESTICO

LISTENING

1. Listen and complete with the missing vowel
a. Un can**e**
b. Un cavallo
c. Un gatt**o**
d. Un p**e**sce

e. Una tartaruga
f. Una pecora
g. Un coniglio
h. Una gallina

2. Listen and tick the word you hear
a. 2   b. 3   c. 1   d. 2   e. 3

3. Complete with the missing letters in the box below
a. Un cane ne**ro**
b. Una **gall**ina bianca
c. Un ca**v**allo grigio
d. Un pesce azz**urro**

e. Un con**iglio** marrone
f. Una pe**cora** nera
g. Una tartaruga ro**ssa**
h. Un pappagallo gia**llo**

4. Complete the words with the missing endings
a. Un pesc**e** giallo
b. Una pecor**a** rosa
c. Un pappagall**o** rosso
d. Un gatt**o** nero
e. Una tartarug**a** marrone

f. Un can**e** bianco
g. Un pingino piccolo
h. Una gallin**a** ner**a**
i. Un pesce verd**e**
j. Un porcellino d'India bianco

5. Write the missing word as you hear it – Students transcribe as they hear it
a. Un **uccellino** azzurro
e. Una **pecora** bianca
i. Una **gallina** grande

b. Una **gallina** gialla
f. Una **tartaruga** rossa
j. Ho un **uccellino.**

c. Un **coniglio** rosa
g. Un cane **marrone**
k. **Non** ho un gatto.

d. Un **pinguino** nero
h. Un topo **piccolo**

6. Faulty echo
a. Non ho un pinguino <u>grigio</u>.
d. Non ho un gatto <u>piccolo</u>.
marrone.
g. Non ho <u>animali</u>.
j. Non ho una gallina <u>rossa</u>.

b. Ho una <u>pecora</u> rosa.
e. Hai una <u>gallina</u> piccola.
h. Ho una tartaruga <u>verde</u>.

c. Non hai un <u>pesce</u> azzurro.
f. Non hai un <u>cavallo</u>

i. Ho un <u>pappagallo</u> giallo.

7. Listen and choose the correct spelling
a. 2   b. 1   c. 2   d. 2   e. 2   f. 1   g. 1   h. 2   i. 1   j. 2   k. 1   l. 2

8. Fill in the grid – in English

a. Cat ; Black

b. Bird ; Blue

c. Sheep ; White

d. Parrot ; Yellow

e. Fish ; Orange

f. Rabbit ; White

Transcript:

a. Un gatto nero

b. Un uccellino azzurro

c. Una pecora bianca

d. Un pappagallo giallo

e. Un pesce arancione

f. Un coniglio bianco

9. Spot the intruder

Identify the word in each sentence the speaker is NOT saying

a. Ho un pesce azzurro e un <u>due</u> gatto grigio.   **due**

b. Hai un animale? No, non ho <u>un</u> animali.   **un**

c. Tu hai un cavallo bianco che <u>come</u> si chiama Rocky.   **come**

d. Io ho un cane marrone e <u>no</u> grande.   **no**

e. Tu non hai una pecora <u>grande</u> però hai un topo piccolo.   **grande**

f. Io ho un pinguino bianco e nero <u>nera</u> che si chiama Pepe.   **nera**

g. Ho un gatto bianco <u>bianca</u> che si chiama Cat.   **bianca**

h. Ho un pappagallo che si chiama <u>chiamo</u> Poppy.   **chiamo**

10. Catch it, Swap it

Listen, spot the difference between what you hear and the written text and edit each sentence accordingly.

Transcript

e.g. Ho un <u>coniglio</u> marrone e bianco.   <u>**coniglio**</u>

a. Hai un cavallo <u>piccolo</u> e grigio.   <u>**piccolo**</u>

b. Non ho una <u>pecora</u> nera e gialla.   <u>**pecora**</u>

c. Ho un <u>cane</u>, però non ho una pecora.   <u>**cane**</u>

d. Non hai un pesce <u>verde</u>, però hai una tartaruga.   <u>**verde**</u>

e. Hai un animale? Sí, ho un <u>cavallo</u> nero.   <u>**cavallo**</u>

f. Non ho un <u>topo</u>, però ho un pappagallo.   <u>**topo**</u>

g. Ho un uccellino <u>giallo</u> che si chiama Rocky.   <u>**giallo**</u>

11. Listening Slalom

e.g. io ho un gatto nero.   (I have a black cat.)

a. tu hai un cavallo rosa.   (You have a pink horse.)

b. io non ho un coniglio giallo.   (I don't have a yellow rabbit.)

c. io ho un cane grigio.   (I have a grey dog.)

d. tu non hai un topo marrone.   (You don't have a brown mouse.)

e. ho una tartaruga azzurra.   (I have a light blue tortoise.)

f. io non ho un pesce bianco.   (I don't have a white fish.)

READING

1. Sylla-Bees

a. ho un cane bianco.   b. Hai un uccellino rosso e rosa.   c. Ho un topo marrone e nero.

2. Read, Match, Find and Colour
A. Match these sentences to the pictures above
a. Rabbit   b. Turtle   c. Penguin   d. Chicken   e. Fish   f. Dog   g. Cat
h. Sheep   i. Parrot   j. Horse   k. odd one

B. Using the sentences in task A find the Italian for:
a. Una gallina bianca.   b. Ho un pesce.   c. Una pecora bianca.   d. Una tartaruga verde.
e. Marrone e grigio.   f. Un gatto piccolo.   g. Un cavallo grande.   h. Ho un pinguino.
i. Non hai.   j. Non ho.   k. Non ho animali.

3. True or False
1 a. True   b. False (5th of June)   c. False (a grey horse)   d. True
e. False (a grey horse)
2 a. False (8)   b. False (13th of May)   c. True   d. False (Miao) e. Falso (a white cat)

4. Tick or Cross
A. Read the text. Tick the box if you find the words in the text, cross it if you do not find them
a. ✓   b. X   c. ✓   d. X   e. X   f. ✓   g. ✓   h. ✓   i. X   j. ✓   k. X   l. ✓
B. Find the Italian in the text above
a. Mi chiamo…   b. Il mio compleanno è il…   c. È un gatto grande.
d. tu hai animali?   e. Ho un coniglio nero.

5. Language Detective
A. Find someone who…
a. Carlo   b. Manuele   c. Maria   d. Manuele   e. Carlo   f. Maria   g. Mia   h. Mia
B. Odd one out: I am 8 years old. (odd chunk)

WRITING

1. Spelling
a. Ho   b. Un **gatto**   c. **Un** cavallo   d. **Un cane** marrone   e. Un **topo** giallo
f. Hai   g. Un **animale**

2. Anagrams
a. Ho un cane nero.   b. Non ho un gatto verde.   c. Ho una pecora marrone.
d. Ho una tartaruga rossa.   e. Ho un topo azzurro.

3. Gapped Translation
a. I am **seven** years old.   b. I have a **small** cat.   c. I do not have a **spider.**
d. **You** have a brown **horse.**   e. I have a sheep **called** Dida.   f. I **have** a white **horse.**
g. Do **you have** pets?   h. I do not have **pets.**   i. I have a black **tortoise.**

4. Split Sentences
a. 2   b. 1   c. 3   d.7   e. 4   f.5   g.6

5. Rock Climbing

a. Il mio cane si chiama Rocky. b. Ho una gallina bianca. c. Non ho un gatto nero.
d. Hai un cavallo grande e marrone. e. Non hai una tartaruga piccola e rosa.

6. Mosaic Translation

a. Ho un pinguino nero e bianco. b. Non ho un gatto, però ho un pappagallo.
c. La mia gallina si chiama Luce ed é bianca. d. Il mio cane é grande, nero e marrone.
e. Ho una tartaruga piccola che si chiama Dida.

7. Sentence Puzzle

a. ho un cane marrone. b. hai un animale? c. Hai un pappagallo.
d. ho un gatto bianco. e. Ho una gallina piccola f. Hai un pesce azzurro e giallo.
g. Ho una tartaruga bianca. h. Non ho animali. i. Ho un gatto bianco e nero.

8. Tangled Translation

a. Hello, **my name is** Davide. I am **seven years old. My birthday** is on the **18th of** July. **I have a** white dog **which is called** Lily. **She is very** big.

b. **Ciao,** mi chiamo Gianfranco. **ho** nove **anni.** Il mio **compleanno** é il venti **giugno. Ho un pesce azzurro** che si chiama Nemo. É molto **piccolo.**

9. Fill in the Gaps

a. Ciao, mi **chiamo** Enrico e ho dieci anni. Il mio compleanno é il **cinque** giugno. **Ho un cavallo grigio** che si **chiama** Zar.
b. Ciao, mi chiamo Carlo. Ho **undici** anni. Il mio compleanno é il diciannove **gennaio.** Ho un **cane** marrone e **bianco** che si chiama Tobia. É **piccolo.**

10. Guided Translation

a. Mi **chiamo** Stefano e ho **undici anni.** b. Ho un **coniglio grigio che si chiama** Pepe.
c. **Non ho un pappagallo,** però ho una **gallina.** d. **Hai un cane marrone** e un **gatto nero.**
e. **Non hai una tartaruga,** però hai un **ragno.** f. **Non ho una pecora bianca.**

11. Pyramid Translation

Ho un uccellino bianco che si chiama Doria, però non ho una tartaruga nera.

12. Staircase Translation

a. Hai un cane?
b. Non ho una pecora bianca.
c. (Tu) hai un cavallo nero che si chiama Zar.
d. Ho un gatto marrone e una tartaruga grande.
e. Ho un pesce piccolo e tu hai un pinguino grigio.

UNIT 6 – IL MIO ZAINO

LISTENING

1. Faulty Echo
e.g. Nel mio <u>zaino</u> ho un libro.
a. Nel mio astuccio <u>c'è</u> una colla.
b. Cos' <u>hai</u> nel tuo zaino?
c. Nel mio zaino ho una <u>calcolatrice</u>.
d. nel mio astuccio ho una <u>riga</u>.
e. Nel mio zaino c'è un <u>quaderno</u>.
f. Ho una gomma <u>e</u> una penna.

2. Listen and Match
a. 2   b. 4   c. 6   d. 3   e. 1   f. 5

3. Listen and tick the word you hear
*e.g. nel mio zaino ho **una cartella**.*
a. 3 (matita)   b. 1 (diario)   c. 2 (temperamatite)   d. 3 (c'è)   e. 1 (colla)

4. Fill in the grid with the correct information in English
e.g. Ciao, mi chiamo Ivano. Nel mio zaino c'èuna calcolatrice rossa
a. Buongiorno mi chiamo Liliana. Ho una penna nera.
b. Ciao, mi chiamo Mario. Nel mio astuccio c'è una riga bianca.
c. Buonasera, mi chiamo Dario. Nel mio zaino ho una matita rosa.
d. Ciao, mi chiamo Valentina. Non ho una penna verde.

Answers:
*e.g. **Calculator / Red***
a. **Pen / Black**
b. **Ruler / White**
c. **Pencil / Pink**
d. **Pen / Green**

5. Listen and complete with the missing vowels
a. Una calcolatrice
b. Un libro azzurro
c. Un temperamatite
d. Una cartella
e. Uno zaino
f. Una penna nera
g. Una cartella rossa
h. Un pennarello giallo
i. Uno zaino verde
j. Una matita colorata rosa

6. Complete with the missing syllables in the box below
a. Una **col**la gialla.
b. una **ma**tita colorata verde.
c. Un di**ar**io rosso.
d. Una ma**ti**ta nera.
e. Un a**stu**ccio giallo.
f. uno zaino bianco.
g. Ho un temperamatite ro**sso.**
h. Una cal**co**latrice nera.
i. Cosa **h**ai nel tuo astuccio?
j. Una car**te**lla arancione.

7. Break the flow? Draw a line between words
a. Nel mio astuccio c'è un pennarello grigio.
b. Nel mio zaino c'è un libro.
c. Nel mio zaino ho un diario azzurro.
d. Nel mio astuccio ho una gomma bianca.
e. Nel mio zaino c'è una calcolatrice nera.
f. Cosa hai nel tuo zaino? Ho una cartella marrone.
g. Cosa c'è nel tuo astuccio? C'è una penna rossa
h. Ho una matita però non ho una riga.

8. Spot the Intruder. Identify the word in each sentence the speaker is NOT saying

a. Nel mio astuccio <u>non</u> c'è una matita azzurra.   **non**
b. Nel mio astuccio ho <u>c'è</u> una gomma e una colla.   **C'è**
c. Nel mio astuccio c'è <u>una gomma,</u> un temperamatite e una riga   **una gomma**
d. Cos' hai nel tuo <u>un</u> astuccio?   **un**
e. Cosa <u>ho</u> c'è nel tuo zaino?   **ho**
f. Nel mio zaino non ho una calcolatrice gialla <u>e verde</u>.   **e verde**
g. Nel mio zaino ci sono <u>una matita,</u> un libro e un quaderno rosso.   **una matita**

9. Catch it, Swap it.
Listen, spot the difference between what you hear and the written text and edit each sentence accordingly
Transcript

e.g. Nel mio <u>zaino</u> ho una gomma.   **<u>astuccio</u>**
a. Nel mio zaino ho una colla <u>rossa</u>.   **<u>rossa</u>**
b. Nel mio astuccio c'è un pennarello <u>azzurro</u>.   **<u>azzurro</u>**
c. Nel mio zaino c'è una <u>cartella</u> rosa   **<u>cartella</u>**
d. Nel mio zaino non ho una cartella <u>arancione</u>   **<u>arancione</u>**
e. Nel mio astuccio non c'è un <u>quaderno</u> giallo   **<u>quaderno</u>**
f. Nel mio zaino non <u>ho</u> una penna rossa.   **<u>ho</u>**
g. Non ho un <u>temperamatite</u> rosso   **<u>temperamatite</u>**

10. Sentence Bingo
Fill the grid with 4 numbers 1 to 10. You will hear sentences in Italian. Put a cross in the correct Italian version to win bingo.

1. In my pencil case there is a pink calculator   *Nel mio astuccio c'è una calcolatrice rosa.*
2. In my school bag I have a green glue.   *Nel mio zaino ho una colla verde.*
3. In my school bag I do not have a blue pencil.   *Nel mio zaino non ho una matita azzurra.*
4. In my school bag I have a felt-tip pen.   *Nel mio zaino ho un pennarello.*
5. I do not have a red exercise book.   *Non ho un quaderno rosso.*
6. In my school bag there is not a yellow book.   *Nel mio zaino non c'è un libro giallo.*
7. In my school bag there is not a red folder.   *Nel mio zaino non c'è una cartella rossa.*
8. In my pencil case I have a felt-tip pen.   *Nel mio astuccio ho un pennarello.*
9. I do not have a green pen.   *Non ho una matita verde.*
10. In my school bag I have a black diary.   *Nel mio zaino ho un diario nero*

11. Listening Slalom
Listen and pick the equivalent English words from each column

e.g. ho una matita grigia e una gomma.
a. Nel mio astuccio ho una riga gialla e una matita rosa. *(In my pencil case I have a yellow ruler and a pink pencil)*
b. Nel mio zaino ci sono un libro azzurro e una cartella rossa. *(In my schoolbag there is a blue book and a red folder)*
c. Nel mio astuccio ho una penna nera e una calcolatrice. *(In my pencil case I have a black pen and a calculator)*
d. Non ho una gomma bianca, però ho una colla. *(I don't have a white rubber, but I have a glue)*
e. Nel mio astuccio non c'è un temperamatite, però c'è una riga. *(In my pencil case there isn't a sharpener, but there is a ruler)*
f. Nel mio zaino ho una cartella arancione, però non ho un quaderno rosso. *(In my schoolbag, I have an orange folder, but I don't have a red notebook)*

READING

1. Sylla-Bees
a. io ho un temperamatite.   B. Nel mio astuccio ho una una gomma bianca.   c. Nel mio zaino c'è un diario azzurro.

2. Read, Match, Find and Colour
A. Match these sentences to the pictures above
a. Pencil   b. Schoolbag   c. Rubber   d. Calculator   e. Pen   f. Book   g. Sharpener   h. Ruler
i. Diary   j. Folder

B. Using the sentences in task A find the Italian for:
a. Un temperamatite azzurro   b. Ho uno zaino   c. Nel mio astuccio   d. c'è una riga
e. Una riga rosa   f. Non ho   g. Ho una cartella   h. Rosso e nero (m)
i. hai   j. Un diario arancione

3. True or False
A. Read the paragraphs and for each statement answer True of False
a. True   b. False (21st of July)   c. False (cat and turtle)   d. True
e. False (red folder)   f. True   g. False (9)
h. False (has a rabbit)   i. False (black pen)   j. True

B. Find in the text above the Italian for:
a. Il mio compleanno é   b. nel mio zaino   c. ho un coniglio   d. un quaderno giallo
e. non ho un temperamatite   f. una gomma arancione

4. Tick or Cross
A. Read the text. Tick the box if you find the words in the text, cross it if you do not find them
a. ✓   b. X   c. X   d. ✓   e. ✓   f. ✓   g. X   h. X   i. ✓   j. ✓   k. ✓   l. ✓
B. Find the Italian in the text above
a. il quindici febbraio   b. Nel mio zaino   c. Un diario rosa   d. una riga bianca   e. Non ho una gomma

5. Language Detective
A. Find someone who…
a. Marta   b. Riccardo   c. Marta   d. Enea   e. Riccardo   f. Enea   g. Ricardo
B. Odd one out: A yellow glue (odd chunk)

WRITING

1. Spelling
a. **Una riga**   b. Un **libro**   c. **Una** matita   d. Un temperamatite   e. un diario   f. **Uno zaino**   g. **Un** pennarello

2. Anagrams
a. Ho una riga bianca   b. Hai una gomma nera   c. Non ho un libro   d. Hai una matita rossa

3. Gapped Translation

a. I have an **orange** pencil and a **glue.**
b. In my pencil case there is a green **pen** and a **ruler.**
c. I do not have a **sharpener** but I have a **rubber.**
d. **What** do you **have** in your **schoolbag**? I have a **book.**

4. Split Sentences
a. 2   b. 3   c. 7   d. 5   e. 1   f. 4   g. 6

5. Rock Climbing
a. . Nel mio astuccio ho una penna.
b. Non ho una colla, però ho una cartella.
c. Hai una gomma gialla e una matita grigia.
d. Nel mio zaino c'è un libro e un diario rosso.
e. Ho un temperamatite, però non ho una riga.

6. Mosaic Translation
a. Nel mio zaino c'è una cartella arancione.   b. Ho una penna azzurra e una matita verde.
c. Nel mio astuccio ho un temperamatite e una gomma rosa.   d. Cosa hai nel tuo zaino? Ho un libro rosso.
e. Non c'è una calcolatrice nera nel mio astuccio.

7. Sentence Puzzle
a. Nel mio zaino ho un libro verde.   b. Cosa hai nel tuo astuccio?
c. Nel mio astuccio c'è una riga gialla.   d. Nel mio astuccio c'è un temperamatite però non c'è una gomma.

8. Tangled Translation
a. Hello, **my name is** Gianni. **I am** nine years old. My birthday **is the 26**th of January. I have **a** brown **dog which is called Michele.** In my pencil case there is **a white rubber and** a red ruler but **there is not** a grey **sharpener.**

b. Buongiono, **mi chiamo** Emma. **Ho** tredici anni. Il mio compleanno **è il quindici** febbraio. Ho **un cavallo** nero che si chiama Bandito. **Nel mio zaino c'è** un libro verde e **un quaderno giallo,** però non c'è **una cartella rosa.**

9. Fill in the Gaps
a. Ciao mi chiamo Luciano e **ho** undici anni. Il mio compleanno è **il** venti giugno. Nel mio **astuccio** ho una matita, una penna e **una** gomma **bianca.**
b. Ciao, **mi** chiamo Carmela. Ho un **coniglio** grigio. Nel mio zaino **c'è** un libro, un **temperamatite** e un quaderno **giallo**. Però non c'è una **cartella.**

10. Guided Translation
a. Nel mio zaino c'è un diario arancione.   b. Nel mio astuccio ho una matita azzurra.
c. Non c'è una gomma nel mio astuccio.   d. Non ho una riga, però ho un libro
e. ho un astuccio rosso nel mio zaino.

11. Pyramid Translation
Nel mio zaino ho un libro giallo e una cartella rossa, però non ho una riga.

12. Staircase Translation

a. Ho una penna rossa.

b. Cosa hai nel tuo zaino?

c. Nel mio astuccio c'è una matita verda e una riga.

d. Non ho una gomma, però ho un temperino grigio.

e. Nel mio zaino non c'è un libro, però c'è una calcolatrice e un diario.

UNIT 7 – DI DOVE SEI?

LISTENING

1. Split sentences. Listen and match
a. 4   b. 8   c. 2   d. 7   e. 1   f. 3   g. 5   h. 6

2. Faulty Echo
e.g. Sono <u>argentina</u>.
a. Non sono <u>cinese.</u>   b. Sono <u>spagnolo.</u>
c. <u>Parlo</u> bene l'inglese.   d. Parlo <u>male</u> il tedesco
e. Non parlo bene il <u>francese.</u>   f. Parlo bene italiano, però non parlo <u>portoghese.</u>
g. <u>Non</u> parlo bene l'inglese

3. Listen and tick the word you hear
a. 1 (Non parlo **inglese.)**   b. 3 (Vengo dall' Italia e **parlo** francese.)   c. 2 (Parlo **spagnolo** molto bene.)
d. 3 (Vengo dalla Cina e parlo **inglese**.)   e. 3 (Vengo dalla Francia, però parlo **italiano**)

4. Fill in the grid with the correct information in English
a. Roberto ; France ; French   b. Francesca ; Italy ; English (doesn't speak)
c. Pamela ; England ; Spanish   d. Ronaldo ; Portugal ; German

5. Listen and complete with the missing letter
a. Sono spagnola.   b. Non sono francese.   c. Parlo bene l'inglese.
d. **Par**lo ben**e** lo spagnolo.   e. **Par**lo mal**e il** tedesco .   f. Parli cinese? No, parlo gallese.
g. Sono sco**zz**ese e parlo ben**e** il francese.   h. Parlo bene l'irlandese però male l'italiano.
i. Sono gallese **e** parlo bene il portoghe**s**e   j. Parli bene italiano? Sí, parlo bene l'italiano.

6. Complete with the missing syllables in the box below
a. **Par**lo bene il **ci**nese.   b. Parlo male **il** tede**sco**.   c. Sono inglese.
d. Parlo bene porto**ghese**.   e. Parlo male il **gallese**?   f. **Non** parlo bene lo spagnolo.
g. Sono ameri**cana** e parlo bene il ci**nese**.   h. Sono francese **però** non parlo bene l'italiano
i. Sono **por**toghese e parlo bene **lo** spagnolo.   j. Sono australia**na** e parlo bene l'ita**liano**
k. Sono tede**sco** e parlo bene anche l'inglese.   L. Sono spagno**la** e parlo male l'**in**glese

7. Break the flow? Draw a line between words
a. Parlo bene l'inglese e l'italiano.   b. Sono tedesca e parlo bene il francese
c. Sono cinese e parlo bene lo spagnolo.   d. Di dove sei? Sono scozzese e ho cinque anni.
e. Quali lingue parli? Parlo molto bene l'irlandese.   f. Non parlo bene lo spagnolo però parlo il cinese.
g. Mi chiamo Carlo e parlo molto male il gallese.

8. Spot the Intruder. Identify the word in each sentence the speaker is NOT saying

a.	Parlo bene l'inglese **italiano** però non sono inglese.	<u>italiano</u>
b.	Sono australiana **australiano** e non parlo bene il cinese.	<u>australiano</u>
c.	Parlo bene il tedesco, però sono **anche** italiano.	<u>anche</u>
d.	Parli bene lo spagnolo? Sí, parlo bene anche il **lo** portoghese.	<u>lo</u>
e.	Non parlo bene il gallese, **e** però parlo bene l'irlandese.	<u>e;</u>
f.	Sono portoghese e parlo bene **portoghese** l'italiano.	<u>portoghese</u>
g.	Non parlo bene il **lo** cinese	<u>lo</u>
h.	Sono **americano** americana e parlo bene lo spagnolo.	<u>americano</u>

9. Catch it, Swap it.

Listen, spot the difference between what you hear and the written text and edit each sentence accordingly.

Transcript:

a. Sono italiana e parlo bene l'italiano e **l'inglese**.	il francese
b. Sono irlandese e parlo male **lo spagnolo**.	l'inglese
c. Sono **americana** e parlo bene lo spagnolo.	australiana
d. Sono americana e parlo male **l'italiano**.	l'irlandese
e. Sono scozzese e parlo **bene** il tedesco.	male
f. Sono irlandese però non parlo bene **il cinese**.	l'inglese
g. Sono **australiano** e parlo bene il portoghese	spagnolo

10. Sentence Bingo Teachers can play the recording to hear the 10 sentences read out randomly in Italian, or read the 10 sentences in English/Italian themselves, in any order they wish

11. Listening Slalom

a. Mi chiamo Stefano, sono italiano e parlo spagnolo.

b. Ciao, parlo spagnolo, però sono francese

c. Sono irlandese però non parlo inglese.

d. Parlo cinese bene e parlo anche portoghese.

e. Non parli inglese male però parli italiano bene.

f. Non sono spagnola, sono argentina e parlo tedesco bene.

READING

1. Sylla-Bees

a. Sono francese e parlo bene il cinese.

b. Sono italiano e parlo bene il tedesco.

c. Parlo male l'inglese

2. True or False

A. Read the paragraphs below and answer True or False

a. True   b. False (dog)   c. True   d. True   e. False (he speaks it)

f. False (he likes it)   g. False (Italian)   h. True   i. False (she speaks it)

j. False (she likes speaking in Spanish)

B. Find in the text above the Italian for:

a. Ha un anno.   b. É molto brava.   c. Non ho animali.

d. mi piace molto.   e. Mi piace parlare.   f. Non mi piace per niente.

3. Tick or Cross
A. Read the text. Tick the box if you find the words in the text, cross it if you do not find them
a. X   b. X   c. ✓   d. X   e. ✓   f. X   g. X   h. X   i. ✓   j. X   k. ✓   l. ✓
B. Find the Italian in the text above
a. Il quindici ottobre.   b. Non parlo cinese.   c. Parlo bene l'inglese.
d. Mi piace molto il tedesco.   e. Non mi piace per niente lo spagnolo.

4. Language Detective
A. Find someone who…
a. Martina   b. Martina   c. Carmela   d. Carmela / Martina   e. Carmela.   f. Riccardo / Carmela   g. Carmela
B. Odd one out
I don't like Spanish (odd chunk)

WRITING

1. Spelling
a. Sono tedesco   b. Sto molto bene   c. Non sono portoghese   d. Parlo bene l'inglese   e. Parlo male l'inglese   f. Sono spagnola   g. Parlo bene il cinese   f. Mi chiamo Maria. E tu?

2. Anagrams
a. Parlo bene lo spagnolo.   b. Non sono inglese.   c. Non sono portoghese.   d. Mi piace il gallese.   e. Non parlo il tedesco.

3. Gapped Translation
a. I speak **German** and **French** well, but I don't speak **English.**   b. I am **German** and I speak Irish **very well.**
c. I am English but **I also** speak **French.**   d. What **languages** do you **speak**? I speak **Portuguese.**
e. **Where** are you **from**?I am American **but** I speak English **badly**.

4. Split Sentences
a. 4   b. 5   c. 2   d 3   e. 6   f. 1   g. 7

5. Rock Climbing
a. Sono francese e non parlo bene il tedesco.
b. Parlo bene il cinese, e non parlo male il francese.
c. Quali lingue parli? Sono francese e parlo molto bene l'inglese.
d. Di dove sei? Sono inglese però parlo molto male lo spagnolo.
e. Come ti chiami? Mi chiamo Pietro e parlo bene l'irlandese.

6. Mosaic Translation
a. Sono italiana e parlo bene il francese   .
b. Di dove sei? Sono americana e parlo bene il cinese.
c. Mi chiamo Mario. Sono americano però parlo molto male l'inglese
d. Quali lingue parli? Parlo il tedesco molto male.
e. Parlo molto bene l'inglese, però mi piace anche lo spagnolo.

7. Fill in the Gaps

a. Ciao, mi chiamo Roberta. Ho **otto** anni. Il mio compleanno è **il** venti giugno. Sono **italiana** e **parlo** il tedesco e il **francese**. Parlo anche **bene** l'inglese .
b. Ciao mi chiamo Paolo. Ho un cane **nero**. Sono francese e parlo molto **bene** il tedesco e lo spagnolo. Parlo bene **anche** il francese. Mi piace molto il **portoghese**

8. Tangled Translation

a. Hello, **my name is** Michele. **I am** seven years old. My birthday **is on the 13**[th] of March. I am **French.** I speak French and English **very well. I** also **speak** Italian **well, but** I don't speak **German.** I like **Chinese.**
b. Buongiorno, **mi chiamo** Lorena. **Ho** dodici anni. Il mio compleanno **è il quattro** aprile. Ho **un cane** nero **che si chiama** Colli. Sono **tedesca. Parlo** molto bene l'inglese **e** parlo **anche** il **francese,** però **non parlo** italiano. **Mi piace** il tedesco.

9. Sentence Puzzle

a. Parlo l'inglese e il francese molto bene.
b. Quali lingue parli? Parlo male lo spagnolo.
c. Di dove sei? Sono australiana e parlo bene il tedesco.
d. Parlo l'inglese però non parlo il bene tedesco.

10. Guided Translation

a. Ciao mi chiamo Marta. Sono australiana.
b. Sono spagnola. Parlo molto bene l'italiano.
c. Parlo molto bene il francese e parlo male l' irlandese.
d. Parlo bene il tedesco però non parlo il cinese.
d. Quali lingue parli? Parlo molto bene il portoghese.

11. Pyramid Translation

Ciao mi chiamo Claudia. Parlo bene il tedesco e non parlo male il cinese.

12. Staircase Translation

a. Sono irlandese.
b. Parlo bene l'inglese.
c. Non parlo bene il tedesco, però parlo l'italiano.
d. Parlo il cinese molto bene, però non parlo lo spagnolo.
e. Sono scozzese. Parlo bene il portoghese, però non parlo l'irlandese.

UNIT 8 – CHE TEMPO FA?

LISTENING

1. Listen and tick the word you hear
a. 2 (**Fa freddo** a Milano.) b. 1 (***C"è un temporale*** a Roma.)
c. 3 **É nuvoloso** a Bari.) d. 1 (**Fa brutto tempo** a Sorrento.)
e. 3 (Questa settimana c'é vento). f. 1 (Normalmente **fa brutto tempo** in Irlanda)
g. 1 (In estate **c'é il sole** a Venezia)

2. Faulty echo
e.g. Oggi c'è il sole.
a. In inverno fa <u>freddo</u>. b. Normalmente <u>piove</u>.
c. In <u>estate</u> fa caldo. d. Oggi <u>c'è</u> un temporale.
e. Di solito <u>fa</u> bel tempo. f. <u>Che</u> tempo fa?
g. Questa settimana c'è <u>nebbia</u>.

3. Listen and Match - Transcript
a. Oggi fa caldo b. Normalmente piove c. In estate c'è il sole d. In autunno è nuvoloso
e. In inverno nevica f. Questa settimana c'è un temporale g. In primavera c'é vento
Answer Key:
a. 3 b. 5 c. 2 d. 4 e. 1 f. 7 g. 6

4. Listen and complete with the missing letters
a. **Fa** freddo. b. **C'è** vento. c. Oggi **è** nuvoloso.
d. **Fa** brutto tempo. e. **Fa** caldo. f. **C'è** il sole.
g. In inverno **c'è** nebbia. h. **È** nuvoloso i. **C'è** un temporale.

5. Listen and complete with the missing syllable
a. In primavera pi**ove.** b. Oggi fa b**el** tempo. c. In autunno fa fre**ddo.** d. In inverno **nevi**ca.
e. Di soli**to** c'è il sole. f. In **est**ate fa caldo. g. Normalmente **c'è** nebbia.

6. Can you help the penguin to break the flow? Draw a line between words
a. Che tempo fa? Oggi c' è il sole. b. In estate fa caldo a Sorrento.
c. In autunno fa bel tempo a Roma. d. In inverno fa freddo a Venezia.
e. Di solito è nuvoloso a Milano. f. Oggi c' è vento e piove a Firenze.
g. Normalmente c' è il sole a Bari. h. Questa settimana piove in Australia.

7. Complete with the missing syllables in the box below
a. In Australia fa bel **tem**po. b. In Italia c'è **il** sole
c. In Inghilterra **pio**ve d. A Palermo c'è **ven**to
e. A Bari è **nu**voloso f. A Venezia in in**verno** nevica.
g. A Pisa in primave**ra** piove. h. A Firenze og**gi** fa brutto tempo
i. Questa se**tti**mana c'è nebbia. j. In autunno fa **fred**do.

8. Fill in the grid with the correct information in English
a. Normally ; It is good weather
b. In the winter ; It is foggy
c. In the spring ; It rains
d. Today ; It is hot
e. Usually ; It is sunny
f. This week ; It is cold

9 Spot the Intruder
a.   Che tempo fa a Milano? (**no**)
b.   A Firenze piove questa settimana (**c'è**)
c.   In Australia fa caldo in estate. (**freddo**)
d. Di solito c'è il sole a Napoli. (**a**)
e. A Venezia c'è nebbia. (**fa**)
f. In autunno fa freddo. (**il**)

10. Listening Slalom
e.g. *Oggi fa caldo a Sorrento.*   *[Today it is hot in Sorrento.]*
a. Normalmente fa bel tempo a Palermo.   [Normally it is good weather in Palermo.]
b. In primavera piove in Inghilterra.   [In spring it rains in England.]
c. In autunno fa brutto tempo a Firenze.   [In autumn it is bad weather in Florence.]
d. Oggi fa freddo a Bari.   [Today it is cold in Bari.]
e. Di solito c'è il sole in Australia.   [Usually it is sunny in Australia.]
f. Questa settimana c'è vento a Pisa.   [This week it is windy in Pisa.]
g. Oggi nevica a Venezia .   [Today it snows in Venice.]

READING

1. Sylla-Bees
a. Buona sera, mi chiamo Mara. oggi a Milano fa freddo.
b. Buongiorno, sono francese. In estate a Bari fa molto caldo.

2. True or False (map)
a. False   b. False   c. True   d. False   e. True   f. False   g. True   h. True

3. Read, Match, Find and Colour
A. Match the sentences to the pictures above
a. It snows   b. It's sunny   c. It's stormy   d. It rains   e. It's windy   f. It's nice weather
g. It's cloudy   h. It's hot   i. It's bad weather   j. It's cold
B. Using the sentences in task A find the Italian for:
a. Fa caldo   b. È nuvoloso   c. In inverno   d. Fa bel tempo
e. Questa settimana   f. Fa freddo   g. Piove   h. Oggi
i. C'é il sole   j. Fa vento

4. True or False
A. Read the paragraphs below and answer True or False
a. False (10)   b. True   c. False (He is from France)
d. True   e. False (it is warm)   f. True
g. False (She is from Germany)   h. False (In Germany, generally, there is bad weather)
i. False (She speaks English and Chinese very well)   j. True

B. Find in the texts above the Italian for:

a. Ma oggi…   b. Di solito fa caldo.   c. In Germania di solito fa brutto tempo.
d. Ma oggi fa brutto tempo.

5. Language Detective
A. Read & answer the questions
a. Daniele   b. Pietro   c. In Edinburgh and Madrid   d. In Rome   e. In Madrid   f. Carmela   g. In
Madrid.   h. In Rome
B. Odd two out
I am English / I have a white and grey cat (odd ones)

WRITING

1. Spelling
a. In primavera   b. In estate c'è il sole   c. Oggi fa caldo.   d. In autunno
e. In inverno nevica.   f. In autunno piove.   g. In estate fa caldo.

2. Gapped Translation
a. I **am** Australian and there is **good** weather **today.**
b. In **autumn** it is **windy** in **Florence.**
c. I am English and **normally** there is **bad** weather in England.
d. I am **Scottish** and **usually** there is not **good** weather.
e. **Today** it is **cloudy** and it is **windy,** but there is no storm.
f. This **week** it's **hot** in Bari but **it rains** and it's **cold** in Venice.

3. Fill in the gaps
a. Ciao mi chiamo Carlo. Ho **quattordici** anni. Sono **Inglese.** A Londra, di **solito** fa **freddo** e **piove, ma** oggi fa
caldo.
b. Ciao **mi** chiamo Giulia. Sono italiana e **ho** dieci anni. **In** Italia in **estate** fa **bel** tempo, ma oggi è **nuvoloso** e
piove.

4. Sentence Puzzle
a. In Italia fa bel tempo.
b. In Inghilterra fa brutto tempo e piove.
c. Che tempo fa in Italia? Normalmente c'è il sole
d. Oggi piove e c'è il vento ma non c'è un temporale
e. Di solito in inverno fa freddo e nevica a Milano.

UNIT 9 – LA MIA CITTÀ

1. Listen and tick the word you hear
a. 1   b. 3   c. 1   d. 2   e. 2

2. Faulty Echo
e.g. Vivo a Barcellona.
a. Mi piace il mio paese.
b. Amo la mia città.
c. Non mi piace la mia città.
d. Vivo a Londra.
e. Il mio paese è piccolo.
f. La mia città è brutta.
g. Perché è rumorosa.
h. Perchè è tranquillo.

3. Listen and complete with the missing letter
a. Vivo **a** New York.
b. La mia città è bell**a**.
c. Il mio paese è piccolo.
d. Vivo a Edimburgo.
e. La mia città è tranquilla.
f. Il mio paese è bell**o**.
g. Il mio paese è tranquill**o**.
h. Mi piace la **mia** città.
i. Non mi piace il mio paese.
j. La mia città è piccola.

4. Narrow Listening. Gap-fill
a. Ciao, mi chiamo Killian e ho undici **anni**. Sono **irlandese** però vivo **in** Inghilterra. Parlo bene l'**inglese** e parlo molto **bene** l'irlandese e lo **spagnolo**. Mi piace il mio **paese** perché è tranquillo e **bello**.
b. Ciao, mi chiamo Rosa e ho **undici** anni. Sono **spagnola**, però **vivo** in Germania. Parlo **tedesco**, spagnolo e **francese**. Amo la mia **città** perché è grande, però **rumorosa**.

5. Fill in the grid with the correct information in English
a. Ernesto ; likes it ; pretty
b. Antonio ; doesn't like it ; small
c. Stefano ; loves it ; lively
d. Carlotta ; likes it ; big
e. Michele ; hates it ; ugly
e. Gianfranco ; loves it ; quiet/calm

6. Complete with the missing letters in the box below
a. Vivo **a** Madrid.
b. **Mi** piace il mio paese.
c. Mi piace la **mia** città.
d. **Odio** la mia città.
e. **Amo** il mio paese.
f. **Non** mi piace il mio paese.
g. la mia città **è** brutta.
h. il mio pa**es**e è brutto.
i. **Ti** piace il tuo paese?
j. Il mio paese è **rum**oroso.

7. Spot the Intruder. Identify the word in each sentence the speaker is NOT saying
a. Non   b. ma   c. molto   d. bella   e. non   f. in   g. dove   h. Mi

8. Catch it, Swap it: listen, spot the difference and edit each sentence accordingly
a. **rumoroso** ; piccolo   b. **brutta** ; grande   c. **vivace** ; tranquilla   d. **piccola** ; vivace
e. **bello** ; tranquillo   f. **tusitica** ; vivace   g. **grande** ; brutta

9. Sentence Bingo: fill the grid with 4 numbers 1 to 10. The recording will play the Italian sentences in a random order. First person crossing 4 numbers shouts bingo. Transcript:

1. Odio la mia città perché è brutta.
2. Non mi piace il mio paese perché è brutto.
3. Mi piace la mia città perché è molto bella.
4. Non mi piace il mio paese perché è piccolo.
5. Odio la mia città perché è molto grande.
6. Amo la mia città perché è tranquilla.
7. Non mi piace la mia città perché è orribile.
8. Mi piace la mia città perché è grande.
9. Mi piace il mio paese perché è tranquillo.
10. Amo New York perché è vivace.

10. Listening Slalom

e.g. mi chiamo Gianni, vivo a Madrid. Amo la mia città.

a. I live in New York. I love my city because it is lively/Vivo a New York. Amo la mia città perché è vivace.

b. I live in Fiesole. I like my town because it is touristic/ Vivo a Fiesole. Mi piace il mio paese perché è turistico.

c. I do not like my town because it is small/ Non mi piace il mio paese perché è piccolo.

d. I like my town because it is pretty and quiet/ Mi piace il mio paese perché è bello e tranquillo.

e. I hate my city because it is ugly and big/ Odio la mia città perché è brutta e grande.

f. I live in London. It is big, lively and touristic/ Vivo a Londra. È grande, vivace e turistica.

READING

1. Sylla-Bees

a. Vivo a Torino. Mi piace perché è bella.   b. Vivo a New York. Mi piace perché è grande.

c. La mia città è tranquilla.

2. True or False

A. Read the paragraphs below and answer True or False

a. False (5 years old)   b. True   c. True   d. False (it is warm)   e. True   f. False (big and touristic)

g. True   h. True   i. False (she lives in Ireland)   j. False (small, pretty and touristic)

B. Find in the text above the Italian for:

a. Normalmente fa caldo.   b. È piccolo e bello.   c. Amo.

d. Di solito fa freddo.   e. È grande e turistica.   f. Vivo a Parigi.

3. Tick or Cross

A. Read the text. Tick the box if you find the words in the text, cross it if you do not find them

a. ✓   b. X   c. X   d. X   e. X   f. ✓   g. X   h. X   i. ✓   j. X   k. X   l. ✓   m. ✓

B. Find the Italian in the text above

a. Oggi a Barcellona piove.   b. Preferisco una città tranquilla.

c. A Roma normalmente c'è sole.   d. Odio la mia città perché è turistica.

e. Perché è vivace, però è molto rumorosa.

4. Language Detective

A. Find someone who...

a. Daniela   b. Carlo   c. Carlo   d. Daniela   e. Daniela   f. Riccardo   g. Riccardo e Carlo.

h. Daniela   i. Carlo

B. Odd one out: I like my town. (odd chunk)

WRITING

1. Spelling
a. Vivace   b. Rumoroso   c. Nel mio paese   d. La mia città
e. Piccolo   f. La mia citta è brutta   g. Vivo a Londra   h. La mia città è bella
i. Il mio paese è bello.

2. Anagrams
a. Vivo in Italia, a Roma.   b. Mi piace molto Londra.   c. Odio il mio paese.   d. perché è vivace.

3. Gapped Translation
a. I **am** Australian but I **live** in Scotland.   b. I like my **town** because it is **very** pretty and **big.**
c. I **live** in London. I **love** my **city.**   d. Do you like **your** town? No, I don't like **my** town.
e. Where do **you live**? I live in a **lively** but **small** town.

4. Split Sentences
a. 7   b. 6   c. 4   d. 3   e. 1   f. 5   g. 2

5. Rock Climbing
a. Sono inglese però vivo a Roma.   b. Non mi piace la mia città perché è brutta.   c. Ti piace il tuo paese? No, perché è brutto.   d. Mi piace il mio paese perché è grande.   e. Dove vivi? Vivo a Edimburgo. f. Amo la mia città perché non è piccola.

6. Mosaic Translation
a. La mia città è bella e piccola, però è turistica.   b. Dove vivi? Vivo in un paese grande.
c. Non mi piace il mio paese perché è brutto e rumoroso.   d. Ti piace la tua città? Sí, amo Londra..
e. Il mio paese è tranquillo e bello. È anche piccolo.   E. Vivo a Roma. Mi piace perché è vivace.

7. Fill in the Gaps
a. Ciao, mi chiamo Simone. Ho **dodici** anni. Sono **spagnolo** però vivo **in** Inghilterra. **Parlo** bene il tedesco. Mi piace il mio **paese** perché **è** tranquillo.
b. Ciao, mi chiamo Giulia. Sono italiana, però **vivo** a **Glasgow.** Parlo molto **bene** l'inglese e l'italiano. Parlo anche **lo** spagnolo. Amo la mia **città** perché è tranquilla **e** bella.

8. Tangled Translation
a. Hello, **my name is** Consuelo. **I am Spanish, but** I live **In Germany.** I speak German **and Spanish** well. In Germany, **generally,** it rains. I live **in Berlin and** I don't like it **because it is** very big and **noisy.**
b. Buongiorno, **mi chiamo** Gianni. Ho **undici** anni e **non ho** animali. **Vivo a New York.** Amo la **mia città** perché è **molto grande** e **bella.** Mi piace **anche perché** è vivace e **non è** brutta. A New York, **normalmente** fa bel **tempo e** fa **caldo.**

9. Sentence Puzzle
a. Mi piace la mia città perché é molto bella.
b. Dove vivi? Vivo a New York e non mi piace.
c. Ti piace il tuo paese? Lo amo perché è piccolo.
d. Odio Londra perché è molto rumorosa e anche turistica.

10. Guided Translation

a. **Ciao** mi **chiamo Patrizia. Vivo a Roma.**   b. **Sono spagnolo ma** vivo **in** Inghilterra.   c. **Vivo in un paese** bello, mi **piace perché** è **tranquillo.**   d. **La mia cittè** è **vivace e anche turistica.**   e. **Dove vivi?** Vivo a New York.

11. Pyramid Translation

Ciao, mi chiamo Carlotta. Vivo a Londra. Mi piace la mia città perché è grande e bella, però non è turistica.

12. Staircase Translation

a. Mi piace la mia città.
b. Non mi piace il mio paese perché è turistico.
c. Amo il mio paese perché è bello e vivace.
d. Odio la mia città perché è grande turistica e anche rumorosa.
e. Mi piace molto il mio paese perché è bello e piccolo e anche tranquillo.

UNIT 10 – NEL MIO PAESE.

LISTENING

1. Listen and tick the word you hear
a. 2 (piazza)   b. 1 (cinema)   c. 2 (non c'è)   d. 3 (teatri)   e. 2 (chiese)

2. Faulty Echo.
e.g. Nel mio paese c'è un cinema.
a. Nella mia città c'è una chiesa.
b. Nel mio paese c'è una biblioteca.
c. Nella mia città ci sono ristoranti e parchi.
d. Nel mio paese non ci sono piscine.
e. Nel mio paese c'è una palestra e un castello.
f. Nella mia città c'è una piazza.

3. Listen and complete with the missing vowels
a. Il mio paese b. Una piazza   c. Una piscina   d. La mia città   e. Un cinema
f. Un museo   g. Una palestra   h. Una panetteria   i. Una chiesa   j. C'è una spiaggia

4. Complete with the missing syllables in the box below
a. Un supermercato   b. Un teatro   c. Negozi   d. Scuole   e. Un parco
f. Una farmacia   g. Una biblioteca   h. Un castello   i. Ristoranti   j. La mia città

5. Fill in the grid with the information in English
a. Museum ; beach   b. Shops, restaurants ; stadium
c. Schools, parks ; swimming pools   d. Supermarket, library ; theatre

6. Spot the Intruder. Identify the word in each sentence the speaker is NOT saying
a. un   b. non   c. anche   d. è   e. vivo   f. bella

7. Narrow Listening. Gap-fill
a. Vivo **in** una città **grande** in Francia. Nel mio paese c'è un **cinema**, una **piscina** e **ristoranti**. Mi piace il **mio paese** perché è **grande** e bello.
b. Sono **tedesca**, però vivo in **Spagna**, in un **quartiere** piccolo. **Amo** il mio quartiere perché è **vivace**, però **un** poco **rumoroso**.

8. Listening Slalom
a. Nella mia città c'è una palestra e un museo.
b. Vivo a Barcellona. C'è una spiaggia e un castello.
c. Nel mio paese ci sono negozi, però non ci sono piscine.
d. Amo il mio quartiere perché è grande. Ci sono ristoranti e negozi.
e. Mi piace il mio paese perché è bello. C'è una piazza, però non c'è uno stadio.
f. Nel mio paese non c'è un cinema, però c'è una biblioteca.

READING

1. Sylla-Bees
a. Nel mio paese c'è una chiesa, però non ci sono parchi.

b. Nel mio quartiere c'è una palestra e una piazza ma non c'é uno stadio.

2. True or False
A. Read the paragraphs and decide if the statements are True or False

a. False (he is 11)   b. False (he loves it)   c. False (big and touristic)

d. True   e. False (no cinemas)   f. False (she is French)

g. False (She lives in Spain)   h. False (it is warm)   i. True   j. True

B. Find in the text above the Italian for:

a. La capitale della Germania   b. C'è una stazione dei treni.   c. Amo la mia città.

d. Non ci sono cinema.

3. Tick or Cross
A. Read the text. Tick the box if you find the words in the text, cross it if you do not find them

a. ✓   b. X   c. X   d. ✓   e. X   f. ✓   g. X   h. ✓   i. X   j. ✓   k. ✓   l. X

B. Find the Italian in the text above

a. Un paese piccolo che si chiama…   b. Non c'é una stazione dei treni.

c. Vivo in una città che si chiama Roma.   d. Nel mio quartiere c'è un parco.

e. Però non ci sono cinema.

4. Language Detective
A. Find someone who…

a. Roberto   b. Marianna   c. Roberto   d. Marianna   e. Mario   f. Marianna   g. Marianna

B. Odd two out:

But I live in England. – I don't like my city. (two odd chunks)

WRITING

1. Spelling
a. Una **stazione** dei treni   b. Uno **stadio**   c. Una **piscina**   d. Un **ristorante**

e. Una **biblioteca**   f. Un **palestra**   g. C'è un **parco**   h. **Non** ci **sono negozi**

2. Anagrams
a. C'è un parco.   b. Ci sono cattedrali.   c. Non ci sono piscine.   d. Ci sono ristoranti.

3. Gapped Translation
a. In my **neighbourhood** there is a **gym** and a stadium.

b. In my **town** there is a big **square.**

c. I **live** in London. In London **there** are cathedrals and **castles.**

d. What **is** there in your neighbourhood? There is a pretty **square.**

e. In my **city** there is a **church** and a **library.**

4. Split Sentences
a. 4   b. 1   c. 2   d. 3   e. 5   f. 7   g. 6

5. Rock Climbing

a. Nel mio quartiere c'è una biblioteca e un castello.

b. Nella mia città c'è uno stadio e una cattedrale.

c. Nel mio paese non c'è una palestra, però c'è un supermercato.

d. Cosa c'è nel tuo paese? C'è una piazza bella e una piscina.

e. Non mi piace il mio quartiere perché non ci sono cinema.

6. Fill in the Gaps

a. Ciao, mi chiamo Rosario. Ho **nove** anni. Sono **italiano**, però vivo a Londra. Mi piace perché è molto **grande**. Nel mio **quartiere** c'è una **piscina** e **uno** stadio.

b. Ciao, mi chiamo Nunzia. Sono americana, però **vivo** a Maiorca. **Mi** piace perché **normalmente** fa caldo. Nella **mia** città **c'è** una chiesa e ci sono **anche** piscine.

7. Tangled Translation

a. Hello, **my name is Anna. I am** English, **but** I live **in Italy.** I speak Italian **and German.** In Italy, **usually** the **weather** is good. **In my neighbourhood** there is **a bakery** and shops, **but** there is no **train station.**

b. Buongiorno, **mi chiamo** Gianni. Ho **dodici** anni. Vivo **in Germania,** nella capitale che si chiama **Berlino. Mi piace** perché è **molto grande** e turistica. **Nel mio** quartiere **ci sono** una farmacia **e un negozio** però non c'è **una panetteria.** Dove vivi **e cosa** c'è **nella tua** città?

8. Sentence Puzzle

a. Nel mio quartiere ci sono negozi e anche supermercati.

b. Cosa c'è nel tuo paese? C'è una piscina e una piazza.

c. Nella mia città c'è una cattedrale, però non ci sono stazioni dei treni.

d. Il mio paese è bello perché ci sono negozi e ristoranti.

9. Guided Translation

a. Ciao, mi chiamo Mafalda. Vivo in una città bella che si chiama Parigi.

b. Vivo in una città bella. Nella mia città ci sono negozi, però non ci sono piscine.

c. Nel mio quartiere c'è una scuola e una chiesa però non ci sono parchi. È molto noioso.

10. Staircase Translation

a. Mi piace la mia città.

b. Non mi piace il mio paese perché non ci sono cinema.

c. Nel mio quartiere c'è una biblioteca, però non ci sono palestre. È bello.

d. Nella mia città c'è uno stadio, però non c'è una stazione dei treni. È rumorosa e anche turistica.

e. Nel mio paese c'è una chiesa, però non ci sono cattedrali. È piccolo and anche tranquillo, ma è rumoroso.